Gott halte dich
in seiner Hand

Irische Segenswünsche

Herausgegeben von Martina Merckel-Braun
mit Fotografien von Carin Behrens

ONCKEN VERLAG WUPPERTAL UND KASSEL

Carin Behrens hat mehrere Jahre in Irland und England gelebt und fotografiert. Ihre Schwerpunkte sind Reisefotografie und Social Portrait.

Martina Merckel-Braun ist Diplomübersetzerin und lebt mit ihrem Mann und ihren vier Kindern in Germersheim am Rhein. Es ist ihr ein besonderes Anliegen, die kulturellen Schätze anderer Länder und Völker kennen zu lernen und weiterzuvermitteln.

Quellennachweis:
- Hermann Multhaupt, Möge dein Haus voller Lachen sein; © Matthias-Gründewald-Verlag, 2000; S. 109
- Hermann Multhaupt, Mögest du immer ein Kissen für deinen Kopf haben; © Matthias-Grünewald-Verlag, 1998; S. 24 u., 35, 36, 48, 51, 67, 83 o., 97, 105, 123 u.
- Hermann Multhaupt, Irische Segenswünsche; © Kiefel/Gütersloher Verlagshaus GmbH, 2000; S. 12, 15, 27, 32, 47, 79, 90 o., 118 o.
- Hermann Multhaupt, Möge das Jahr dich mit seinen Geschenken beglücken; © Matthias-Grünewald-Verlag, 1999; S. 19, 31 o. und Mitte, 39, 55 u., 56, 102, 117, 121
- Hermann Multhaupt, Möge dein Glück rund wie der Vollmond sein; Bergmoser + Höller Verlag, Aachen; S. 16, 28, 43, 55 o., 64
- Hermann Multhaupt, Möge der Wind immer in deinem Rücken sein; Bergmoser + Höller Verlag, Aachen; S. 52, 113 o.
- Hermann Multhaupt, Möge Gottes rechte Hand unter deinem Haupte sein; Bergmoser + Höller Verlag, Aachen; S. 75
- Hermann Multhaupt: Möge Gottes Wille hundertmal willkommen sein; Bergmoser + Höller Verlag, Aachen; S. 31 u., 47, 83 u. 113 u.
- Hermann Multhaupt, Möge Gott deine Pfeife immer mit Tabak füllen; Bergmoser + Höller Verlag, Aachen; S. 76, 84, 87, 90 u. 94 u. 101, 123 o.
- Irische Gebete aus der Benediktinerabtei Glenstal; © Verlag Styria Graz Wien Köln, 2002; S. 72
- Hildegunde Wöller, Musik der Erde. Irische Segenswünsche; © Kreuz Verlag, Stuttgart 1999; S. 20, 40, 93, 106, 110, 114 o.
- Möge die Freude das ganze Jahr mit dir sein; Benno, ISBN 3-7462-1432-7; S. 71, 124
- Cornelia Haverkamp / Joyce Denham, Gott segne die Erde, auf der ich stehe; © Brunnen Verlag, 1999; S. 68, 94 o.
- Irish Blessings; © Greenwich House, a division of Arlington House, Inc., 1983; Published by Gramercy Books, distributed by Random House Value Publishing, Inc.; S. 59, 60, 98 o. (Übersetzung von Martina Merckel-Braun)

2. Auflage

Gesamtgestaltung: Dietmar Reichert, Dormagen
Druck: EGEDSA, Spanien
ISBN 3-7893-7289-7
Bestell-Nr.: 627 289

Inhalt

Vorwort

Die irischen Segenswünsche die in den letzten Jahren auch in Deutschland immer beliebter geworden sind, gründen sich auf eine Jahrtausende alte biblische Tradition. Bereits im ersten Buch Mose sagt Gott zu Abraham: „Ich will dich segnen, und du sollst ein Segen sein."

Segen – das war im Sprachgebrauch des Alten Testaments gleichbedeutend mit all dem Guten, was von Gott kam, und segnen bedeutete, einem Menschen all das Gute zuzusprechen, das Gott seinen Geschöpfen schenken kann und schenken möchte.

Das deutsche Wort „segnen" ist aus dem Kirchenlateinischen entlehnt – darin steckt das lateinische *signum* (Zeichen), und es bedeutet, das Zeichen des Kreuzes auf jemanden oder etwas zu legen. Jemanden segnen heißt also, ihn unter das Kreuz Jesu stellen, ihn für das Reich Gottes beanspruchen und ihm all das zusprechen, was Jesus durch seinen Tod am Kreuz für die Menschen erreicht hat – Frieden, Vergebung und Heil, aber auch Versorgung und Antwort auf unsere seelischen und körperlichen Bedürfnisse.

In Irland fiel dieser Auftrag, einander zu segnen, auf besonders fruchtbaren Boden. Die Iren haben im Laufe der Jahrhunderte einen reichen Schatz an Segenswünschen zusammengetragen, mit dem sie einander auf dem Lebensweg Mut und Hoffnung zugesprochen haben. In guten und in schlechten Zeiten haben sie sich durch diese Segenswünsche daran erinnert, dass ihr Leben in Gottes Hand ist und dass alles von seinem Segen abhängt. Dadurch haben sie immer wieder Kraft für das oft mühselige Alltagsleben gewonnen.

Dieses Buch soll dazu beitragen, die alte, schöne Tradition des Segnens neu zu beleben. Die hier zusammengetragenen alten Segenswünsche, Ratschläge und Gebete sollen Wegweiser sein, die uns helfen, unseren Lebensweg unter dem Segen Gottes zu gehen.

Dein Leben sei gesegnet

GRÜN sind die Hügel Irlands
und grün werden sie immer bleiben.
WARM sind die Segenswünsche,
die dir gelten sollen,
und so werden sie immer sein.

WO IMMER das Glück sich aufhält –
hoffe, ebenfalls dort zu sein.
Wo immer jemand freundlich lächelt,
hoffe, dass sein Lächeln dir gilt.
Wo immer die Sonne
aus den Wolken hervorbricht,
hoffe, dass sie besonders für dich scheint,
damit jeder Tag deines Lebens so hell
wie nur möglich ist.

Mögest du die kleinen WEGWEISER
des Tages nie übersehen:
den Tau auf den Grasspitzen,
den Sonnenschein auf deiner Tür,
die Regentropfen im Blumenbeet,
das behagliche Buckeln der Katze,
das Wiederkäuen der Kuh,
das Lachen aus Kinderkehlen,
die schwielige Hand des Nachbarn,
der dir einen Gruß über die Hecke schickt.

Möge dein Tag
durch viele kleine Dinge groß werden.

Reichtum

Die Blumen des Wiesenhanges
sind wie ein Hauch Gottes.
Mögest du seinen Atem spüren,
damit du überströmst
an Farben, Duft und Freude.

Möge Gott dir immer geben,

was du brauchst:

Arbeit für deine fleißigen Hände,
Nahrung für deinen hungrigen Leib,
Antworten für deinen fragenden Geist,
Freude und Liebe für dein warmes Herz
und Frieden für deine suchende Seele.

Nimm dir Zeit

Nimm dir Zeit, um zu arbeiten;
es ist der Preis des Erfolges.
Nimm dir Zeit, um nachzudenken;
es ist die Quelle der Kraft.
Nimm dir Zeit, um zu spielen,
es ist das Geheimnis der Jugend.
Nimm dir Zeit, um zu lesen;
es ist die Grundlage des Wissens.
Nimm dir Zeit, um freundlich zu sein;
es ist das Tor zum Glücklichsein.
Nimm dir Zeit, um zu träumen,
es ist der Weg zu den Sternen.
Nimm dir Zeit, um zu lieben;
es ist die wahre Lebensfreude.
Nimm dir Zeit, um froh zu sein;
es ist die Musik der Seele.

Geh deinen Weg ruhig,

mitten in Lärm und Hast;
Stille wird dir Frieden schenken.

Freue dich an deinen Erfolgen und Plänen
und strebe danach weiterzukommen,
doch bleibe bescheiden.

Gottes Hilfe sei dir immer näher
als die nächste Tür.

Möge dich deine Arbeit so ausfüllen,
dass sie am Abend
deinen müden Rücken wärmt.

Möge der Tag sich stets in Frieden
von dir verabschieden.

JEDER TAG ist schön,
an dem deine Arbeit gelingt.
Mögest du viele schöne Tage haben.

Möge dir die Arbeit nie zu schwer werden,
und mögest du die Früchte deiner Anstrengungen ernten.

Möge jeder Handgriff, den du tust,
eine Silbe von einem Gebet sein,
das du Gott schenkst.

Möge das Essen in deinem Topf
dich und noch einen anderen Menschen satt machen.

Möge das Brot, das du teilen willst,
nie schimmelig werden.

Möge Gott dir helfen,
Gutes zu tun.

Mögen die Scharniere unserer Freundschaft
nie rostig werden.

Mögen die Fallstricke des Bösen
nie um deine Türschwelle gespannt sein.

Möge dein Geschirr so zahlreich sein,
dass du immer einen Teller
für einen hungrigen Gast hast.

Geborgen

Möge dein Dach nie einfallen,
und mögen die, die darunter wohnen,
nie Streit bekommen.

Möge Gott sich zwischen uns und alle
Katastrophen stellen.

Mögen die Löcher
in deinen Netzen nicht größer sein
als der fisch in ihnen.

Wenn Gott dich ruft, schau nicht über deine Schulter,
um zu sehen, wer sonst noch kommt.

JAMESON
1780
JAMESON
1780
OLD IRISH WHISKEY
12
1842
HIGHLANDS
SWEET THAN SPEYSIDE

Mögest du immer einen Blick
für das SONNENLICHT haben,
das sich in deinen Fenstern spiegelt,
und nicht für den Staub,
der auf den Scheiben liegt.

Aus deinen augen
strahle freundliches Licht
wie zwei Kerzen im Fenster,
die den Wanderer einladen,
Schutz zu suchen in stürmischer Nacht.

DICK

Mögest du jeden Tag spüren,
dass auch die dunkelste Stunde
einen göttlichen Schimmer besitzt.

Möge die Sonne in deinen Augen nie untergehen.

Mögest du nach jeder Nacht
einen funken Glut
in der Asche finden,
damit du das Feuer
von Neuem entfachen kannst.

Ich wünsche dir Frieden

Ich wünsche dir den Frieden der Meeresdünung,
den Frieden einer sanften Brise,
den Frieden der schweigsamen Erde,
den Frieden einer klaren Sternennacht.

Ich wünsche dir den Frieden Jesu Christi,
der unser Friede ist für alle Zeit.

Möge Gott dir von der quelle,
die nie austrocknet, zu trinken geben.

Möge heute der erste Tag
der besten Jahre deines Lebens sein.

Möge es dir gelingen,
jenen Ort der Seele zu erreichen,
der von Liebe, Wärme und Nähe überfließt
und wo dich Vergebung erwartet.

Möge deine Seele
in der Umarmung Gottes verschmelzen.

Der Segen der Erde,

der guten, der reichen Erde
sei für dich da!
Weich sei die Erde dir, wenn du auf ihr ruhst,
müde am Ende des Tages,
und leicht ruhe die Erde auf dir
am Ende des Lebens,
dass du sie schnell abschütteln kannst –
und auf und davon
auf deinem Wege zu Gott.

Der Segen des Sonntags

Tausche den Gottesdienstbesuch
nicht gegen irgendetwas;
es gibt nichts in der weiten Welt,
was ihn übertrifft.
Wir loben und danken
dem einzigen Sohn Gottes,
der mit Leib und Seele von den Toten auferstand.

Möge der Sonntag
zu einem Ankerplatz
für deine Seele werden.

Zum neuen Jahr

Möge das Jahr dich mit seinen Geschenken beglücken:
mit den Veilchen des Frühlings,
mit dem Bienengesumm des Sommers
und den rotwangigen Äpfeln des Herbstes.
Der Winter aber schenke dir
die Früchte der Stille für die Seele.

Mögen alle deine Himmel blau sein
und deine Träume wahr werden.
Mögen alle deine Freunde wahrhaftig sein
und deine Freuden vollkommen.
Mögen deine Tage von Glück und Lachen erfüllt sein –
jetzt und immerdar.

möge gott in seiner unendlichen Weisheit und Liebe
alle Zeit vom Himmel her seine freundlichen
Augen auf dich richten,
und möge er dir Zufriedenheit, Glück
und Frieden schenken
und dich mit seinem Segen überschütten.

Bleib bei uns, Herr!

König des Lichtes und der Sonne,
du allein kennst den Grund unseres Lebens.
Sei jeden Tag bei uns!

fáilte go cladaigh

drei

Falten in meinem Gewand,
doch trage ich nur ein Kleid,
drei Gelenke an einem Finger,
doch ist nur ein Finger da,
drei Blätter im Klee,
jedoch sehe ich nur ein Kleeblatt.
Frost, Eis und Schnee
sind endlich nichts anderes als Wasser,
drei Personen in Gott,
doch gibt es nur einen Gott.

Anfang und Ende

Wie du im Anfang warst,
als meine Wege begannen,
so sei du auch wieder
am Ende meines Weges.

Wie du bei mir warst,
als sich meine Seele formte,
sei du, Vater, auch
für meinen Weg das Ziel.

Freundlich

hast du mich
aus dem Dunkel der Nacht
zum Licht des neuen Tages geführt.
Lob sei dir, guter Gott!
Segne diesen Tag und alle meine Tage,
die ich unterwegs bin zu dir.
Auf schmalen Straßen
komme ich zu deiner bergenden Burg.
Schütze mich auf dem Meer und auf dem Land.
Ergreife von mir Besitz
und flüstere dein Wort in mein Ohr.

Gott unser Vater,

gib, dass wir Christus in Liebe folgen mögen,
dass wir mit unserem Leben andern helfen
und unsere Schwäche dies niemals behindern möge.

Ich folge dir, Herr, wo immer du hingehst,
denn du besitzt das Geheimnis des ewigen Lebens.

Aus der Grafschaft Louth

Die Liebe,

die Jesus Christus ist,
lasse mein Herz für jeden Menschen schlagen.

Die kurze Zeit, die mein Leben währt,
sei ein einziges Gebet zu Gott.

Aus dem Gebet eines Einsiedlers (10. Jahrhundert)

durchdringe mich

mit Ruhe, o Gott,
so wie du den Sturm auf dem Meere stilltest.
Beruhige mich, o Gott,
bewahre mich vor dem Bösen.
Lass alle Unruhe in mir ersterben.
Umarme mich, Herr, in deinem Frieden.

Herr,

es gibt Zeiten,
da muss ich eine Insel sein,
ausgesetzt der unendlichen See,
abgeschnitten von allem,
was sich mir sonst naht,
aber noch umgeben von dir.
Zeiten der Ruhe und des Friedens,
wenn Verkehr und Unruhe aufhören,
wenn ich still sein und dich anbeten kann,
dich, Herr des Landes und des Wassers.

Wenn mein NACHBAR
ein gebildeter Mensch ist,
lass mich nicht zu stolz sein,
um ihn um Licht für meine Kerze zu bitten.

MÖGE das Kreuz Christi zwischen mir
und dem Feind meiner Seele und
meines Körpers sein.

Hilf uns, Erretter,
mit dem auszukommen, was wir haben,
und schenke uns eine gute Gesundheit.

Vertrauen

Ich überantworte
mein kleines Schiff der See.
Wache über mich, Herr.
Mein kleines Schiff
dümpelt im Salzwasser.
Führe mich, o Gott,
denn ich bin dein.

Begleite mich an diesem Tag,
lieber Gott,
in der Ebbe und Flut
meines Lebens.
An diesem Tag, o Gott,
sei bei mir,
ob auf festem Land
oder zur See.

Herr,

entzünde in mir
einen Funken Liebe
zu Verwandten, Feinden und Freunden,
zu allen bedeutenden oder geringen Menschen.
Herr, entzünde ein Feuer,
das nie verlöscht.

Für eine gesegnete Reise
und glückliche Heimkehr

möge dein herz
warm und glücklich sein,
mit einem Quäntchen irischen Lachens
an jedem Tag, auf allen Wegen,
für immer und alle Zeit.

Mögest du nie ohne den Segen des Himmels
aus dem Haus gehen.

Möge Gott auf dem Weg, den du vor dir hast,
vor dir hergehen.
Das ist mein Wunsch für deine LEBENSREISE.
Mögest du die hellen Fußstapfen des Glücks finden
und ihnen auf dem ganzen Weg folgen.

Möge der WEG
sich vor dir öffnen
und möge Gott mit dir sein.

Mögest du, wenn du eine Reise planst,
sicher wieder zurückkommen.

WENN GOTT dich auf einen steinigen Pfad schickt,
möge er dir feste Schuhe geben.

Möge Gott dich auf deiner Reise begleiten
und mögest du sicher ins himmlische Königreich gelangen.

Segen des Lichts

Möge der Segen des Lichts auf dir ruhen,
Licht von außen und Licht von innen,
und möge jeder, der dir auf deinem Weg begegnet,
einen freundlichen Gruß für dich haben.

Gott hat dir ein Gesicht geschenkt –
lächeln musst du selber.

GUINNESS

schenke jedem ein Stück Brot,
der dich darum bittet.

schenke jedem ein Lächeln,
dem du ansiehst, dass er danach hungert.

Der Segen

des dreifaltigen Gottes
ruhe auf dir.
Das wachsame Auge des Vaters begleite dich,
das treue Auge des Sohnes lenke deinen Schritt,
das helle Auge des Heiligen Geistes
lasse dich den rechten Weg erkennen.

Drei Wünsche

Mögest du immer klar bei Verstand sein bei allem,
was du tust.

Möge Gott verhüten, dass du jemals etwas hast,
das deinem Nachbarn gehört.

Möge kein schlechter Gedanke in unser Herz dringen,
der unserer Seele schaden könnte.

Segen sei mit dir,

der Segen des Sommerregens.
Der köstliche, sanfte Regen
ströme auf dich herab.
Dein Weg sei gesäumt von Grün
und von duftenden Blumen,
wohin du auch kommst.
Der große Regen möge deinen Geist erfrischen,
dass er rein und glatt wird wie ein See,
in dem sich das Blau des Himmels spiegelt
und manchmal ein Stern.

Gott

halte dich in seiner Hand,
wenn die Klippen steil sind.
Gott halte dich in seiner Hand,
wenn die Nacht trostlos ist.
Gott halte dich in seiner Hand
auf dem Weg, den du beschreitest.
Gott halte dich in seiner Hand
und sei zu deinen Häupten.

Gott sei über dir,
um dich zu behüten.
Gott sei vor dir,
um dir den rechten Weg zu zeigen.
Gott sei neben dir,
um dich zu beschützen
gegen Gefahren von links und von rechts.
Gott sei hinter dir,
um dich zu bewahren vor der Heimtücke
böser Menschen.
Gott sei unter dir,
um dich aufzufangen, wenn du fällst.
Gott sei in dir,
um dich zu trösten, wenn du traurig bist.

Cill Airne km 47
KILLARNEY
BALLAGHBEAMA 13
GLEANN CHARTHAIGH
GLENCAR 21
VISIT

MÖGE GOTT euch auf eurem Weg
immer auf gute Möglichkeiten stoßen lassen.

Der Wille Gottes
sei hundertmal willkommen.

Mein Wunsch für dich ist

dass du in deinem Herzen dankbar bewahrst
alle kostbaren Erinnerungen an dein Leben,

dass du mutig weitergehst,
wenn ein hartes Kreuz dir die Schultern drückt,
wenn der hohe Gipfel vor dir
unerreichbar scheint
und selbst das Licht der Hoffnung schwindet,

dass die Begabungen, die Gott dir gab,
in dir wachsen und dir mit den Jahren helfen,
die Herzen jener froh zu machen, die du liebst

und dass an Leidens- und an Freudentagen
das Lächeln Gottes mit dir sei
und du dich ihm so innig nahe fühlst,
wie er's für dich ersehnt.

ICH WÜNSCHE DIR

die Fröhlichkeit eines Vogels
im Ebereschenbaum am Morgen,
die Lebensfreude eines Fohlens
auf der Koppel am Mittag,
die Gelassenheit eines Schafes
auf der Weide am Abend.

Nie allein

Möge die strahlende Sonne
dich daran erinnern,
dass du neben ihr
einen anderen Begleiter hast
durch deine Tage und Jahre –
die wahre Sonne, die Christus heißt.

Der Name des Herrn ist eine feste Burg;
der Gerechte läuft dorthin und ist in Sicherheit.

Sprüche 18,10

Gewissheit

Mögest du auf die hohe See hinausfahren
in der Gewissheit,
dass der Herr bei deiner Rückkehr am Ufer steht.

Für eine glückliche Heimkehr

Der Gott, der dich schuf,
geleite dich.
Der Gott, der dich bei deinem Namen rief,
führe dich.
Der Gott, der immer um dich ist,
zeige dir den Weg ins Paradies.

Möge der Himmel
die schönste deiner Wohnungen sein.

Erntedank

Für Christus die Saat,
für Christus die Ernte.
In seine Scheune
möge Christus uns bringen.

Für Christus das Meer,
für Christus die Fische.
In seinen Netzen
möge Christus uns fangen.

Von der Geburt bis zum Alter,
vom Alter zum Tod.
In Christi Armen
sind wir geborgen.